Ein Taoist reitet den Wind
Lehrsprüche des Liä Dsi

Ausgewählt, bearbeitet und illustriert
von
Tsai Tschih Tschung

Reihe CHINESISCHE WEISHEIT

Die Freiheit des Geistes.
Ein Buch vom Zen

Das Schweigen des Weisen.
Lehrsprüche des Laotse

Die Musik der Natur.
Lehrsprüche des Dschuang Dsi

Ein Taoist reitet den Wind.
Lehrsprüche des Liä Dsi

Das I-Ging. Einführung
in das alte chinesische
Weisheitsbuch

Ein Taoist reitet den Wind

Lehrsprüche des Liä Dsi

Ausgewählt, bearbeitet und illustriert
von
Tsai Tschih Tschung

VAK Verlag für Angewandte Kinesiologie GmbH
Freiburg im Breisgau

Titel der englischsprachigen Ausgabe:
The Taoist who rides the wind. The sayings of Lie Zi.

ISBN 9971-985-67-5

Die Deutsche Bibliothek – CIP-Einheitsaufnahme

Cai, Zhizhong
Ein Taoist reitet den Wind : Lehrsprüche des Liä Dsi /
ausgew., bearb. und ill. von Tsai Tschih Tschung.
(Übers.: Michaela Bach). - Freiburg im Breisgau :
VAK, Verl. für Angewandte Kinesiologie, 1994
(Chinesische Weisheit)
ISBN 3-924077-59-2
NE: HST

Übersetzung: Michaela Bach
Lektorat: Michael Kurth
Umschlagdesign: Soffian / Typographie: Hugo Waschkowski
Herstellung: Rombach GmbH Druck- und Verlagshaus, Freiburg
Printed in Germany
ISBN 3-924077-59-2

Inhalt

Vorwort

Liä Dsi zählt, obwohl er eine halb legendäre Figur ist, zu den berühmtesten der taoistischen Weisen. Das Buch, das seinen Namen trägt, "Das Buch des Liä Dsi", gehört zu den wichtigsten der taoistischen Klassiker.
Es ist eine Sammlung von Sprüchen und Geschichten zu so universellen Themen wie Lebensfreude, Aussöhnung mit dem Tod, der Wert von Spontaneität, die Identität von Traum und Realität, die Begrenztheit menschlichen Wissens, die Relativität von Verhaltensmaßstäben und die Rolle unvorhersagbarer und zufälliger Elemente.
Taoismus ist nach dem Konfuzianismus die größte philosophische Tradition Chinas. Taoismus steht für alles, was in der chinesischen Gesellschaft spontan, einfallsreich, privat und unkonventionell ist; Konfuzianismus steht für das Kontrollierte, Prosaische, Öffentliche und Respektable. Die Teilung zieht sich quer durch die ganze chinesische Zivilisation.
Die beiden philosophischen Traditionen haben jedoch dasselbe Ziel – Ordnung im Leben. Im Konfuzianismus besteht der Weg in erster Linie in einem Regierungs- und Moralkodex, einem System, das durch Studium, Denken und Disziplin gemeistert wird. Der Mensch ist der Mittelpunkt des Universums, "bildet mit Himmel und Erde eine Trinität". Der Himmel ist eine unbestimmte persönliche Kraft, der als der "Kaiser" (Sohn des Himmels) die Menschen regiert. Das Schicksal ist das "Dekret des Himmels". Die Weltordnung ist ein Gegenstück zur sozialen Ordnung.
Für Taoisten dagegen nimmt der Mensch die bescheidene Stellung der winzigen Figuren in der chinesischen Landschaftsmalerei ein und lebt richtig, wenn er sich in Einklang mit dem Weg bringt, der seinen

Ehrgeiz, seine Neigungen und moralischen Prinzipien nicht fördert. Wenn er zum Weg zurückkehren will, muß er das menschliche Wissen ablegen, darf er keine Unterschiede mehr machen, muß er sich weigern, der Natur seinen Willen und seine Prinzipien aufzuerlegen, muß er die Spontaneität eines Neugeborenen wiederfinden und müssen seine Handlungen so natürlich sein wie die physikalischen Prozesse, die in der Natur ablaufen.

Obwohl Liä Dsi als einer der berühmtesten taoistischen Weisen angesehen wird, bestehen doch Zweifel an seiner Existenz. Es ist nicht einmal klar, wann er gelebt haben soll. Manche Hinweise deuten auf 600 vor Christus, andere auf 400 vor Christus. Das Buch, das seinen Namen trägt, erschien jedoch um 300 vor Christus.

Verglichen mit den teilweise dunklen Passagen in den Werken der bekanntesten Taoisten, nämlich Laotse und Dschuang Dsi, gebührt Liä Dsis Buch das Verdienst, der weitaus verständlichste Klassiker des Taoismus zu sein. Das heißt jedoch nicht, der von Liä Dsi erläuterte Weg sei weniger erhaben. Sein Ideal ist ein Zustand erweiterter Wahrnehmung und Empfänglichkeit in einer undifferenzierten Welt:

"Erst als ich ans Ende aller Dinge in mir und außer mir gelangt war, wurden meine Augen wie meine Ohren, meine Ohren wie meine Nase, meine Nase wie mein Mund; alles war das Gleiche. Mein Geist war still und mein Körper hatte sich aufgelöst, meine Knochen und mein Fleisch waren ins Nichts verschmolzen. Ich bemerkte nicht, wogegen sich mein Körper lehnte und worauf meine Füße traten. Ich schwebte mit dem Wind nach Osten oder Westen wie das Blatt von einem Baum oder eine leere Hülle und wußte nie, ob der Wind mich ritt oder ich den Wind."

Ein Taoist reitet den Wind

Das Buch des Liä Dsi

Man sagt, die Werke des Laotse, des Dschuang Dsi und des Liä Dsi seien die vorbildlichsten der klassischen taoistischen Literatur. Von diesen ist das Buch des Liä Dsi am verständlichsten. Liä Dsis Aufruf war so weitverbreitet, daß in den vierzig Jahren seines Lebens im Staate Dscheng fast jeder seine Lehren kannte, obwohl er zurückgezogen lebte.
Nur der König wußte nichts von seiner Größe.
Er sagte:
Geboren werden, wenn du geboren werden sollst, ist Glück. Sterben, wenn du sterben sollst, ist Glück.
Geboren werden und das Leben nicht hochschätzen heißt, sich dem Himmel entgegenstellen. Nicht sterben wollen, wenn es Zeit ist zu sterben, heißt sich dem Himmel entgegenstellen.

Die Gaben des Himmels

Drei Gründe, glücklich zu sein

6
Von den Menschen leben manche lang, andere sterben früh. Manche sterben gleich nach der Geburt. Ich lebe schon neunzig Jahre – das ist meine dritte Freude.
7
Für uns Menschen ist ein Leben in Not die Norm und der Tod das Ende.
8
Ich halte mich an die Norm und erwarte das Ende, was sollte mich da bekümmern?
9
Yung Kiki weiß das Leben zu nehmen.
Die Menschen sehen Mühsal, Alter und Tod als den Fluch des Lebens an, aber für Yung Kiki gehören sie zum Leben, und er nimmt sie an. Wenn du also etwas durchschaust, bist du im Paradies, wenn nicht, findest du dich in der Hölle.

Leben ist Handeln, Tod ist Ruhe

6
Weil ich im Alter weder Frau noch Kinder habe und mein Tod nahe ist, kann ich so glücklich sein.
7
Ein langes Leben wünschen, den Tod meiden ist menschlich. Warum solltet Ihr glücklich sein zu sterben?
8
Leben
Tod
Sterben heißt wieder dahin zurückkehren, woher wir kamen, als wir geboren wurden. Woher weiß ich, daß ich nicht anderswo geboren werde, wenn ich sterbe? Woher weiß ich, daß Leben und Tod nicht eins so gut wie das andere sind?
9
Woher weiß ich, daß es nicht eine Täuschung ist, sich so ängstlich nach dem Leben zu sehnen?
10
Wer weiß, vielleicht hätte ich mehr Freude, wenn ich jetzt stürbe, statt zu leben.
11
Danke für diese neue Einsicht.
Lebe wohl.
12
Dieser alte Mann hat die Frage von Leben und Tod nicht ganz verstanden.

13
Ich bin des Studierens müde und möchte Ruhe finden.
Es gibt kein Ruhen für die Lebenden.
Werde ich dann nie Ruhe finden?
14
15
Doch. Freue dich auf den erhabenen Hügel deines Grabes und wisse, daß du darin Ruhe findest.
16
Der Tod ist großartig! Der Edle findet darin Ruhe, der gemeine Mann schickt sich darein!
17
Alle Menschen verstehen die Freude des Lebendigseins, doch nicht sein Elend; die Mühsal des Alterns, doch nicht seine Leichtigkeit; die Häßlichkeit des Todes, doch nicht seine Ruhe.
Der Tod ist wie ein Reisender, der nach Hause zurückkehrt. Wenn der Reisende nur weiß, wie man vorwärtsschreitet, aber nicht, wie man zurückkehrt, ist das, als verlöre man seinen Weg und könne nicht wieder nach Hause zurückkehren.

Stürzt der Himmel ein?

7
Sonne, Mond und Sterne sind Luft, die leuchtet. Sogar wenn sie herabfallen, können sie niemanden treffen und verletzen.
8
Wenn aber die Erde zerbricht?
Die Erde ist eine Ansammlung fester Teile, die den leeren Raum in allen Richtungen ausfüllen. Es gibt keinen Raum ohne feste Teile. Täglich geht und steht man fortwährend darauf; warum sorgst du dich, daß sie zerbricht?
9
Ah, jetzt habe ich keinen Grund mehr zur Sorge.
10
11
Als Dschang Lu Dsi das hörte, sagte er lächelnd: Da Himmel und Erde Ansammlungen von Luft und festen Teilen sind, wie können wir sagen, daß sie nicht vergehen? Himmel und Erde sind, obgleich die größten, die bestehen, winzige Teile im Raum. Es ist zweifellos wahr, daß es lang dauert, bevor ihr Ende kommt, und es ist nicht leicht vorherzusagen, wann das geschehen wird. Es ist weit gefehlt, sich darüber zu sorgen; aber zu sagen, sie vergingen nie, ist auch falsch.
Die Lebenden wissen nicht, was es heißt, tot zu sein; die Toten wissen nicht, was es heißt, lebendig zu sein. Wir kennen diejenigen nicht, die vor uns gingen oder nach uns kommen. Warum sollten wir uns darum kümmern, ob Himmel und Erde vergehen oder nicht.

Der Gelbe Kaiser

Liä Dsi reitet den Wind

Nach einigen Monaten kam Yin Schäng zurück.
Warum kommst und gehst du ständig?
8
Nachdem Ihr mich zurückwiest, hegte ich Euch gegenüber Groll, aber jetzt ist er verflogen.
9
Ich will dir erzählen, was ich von meinem Meister lernte.
10
Nach drei Jahren begann ich, meinem Meister zu dienen.
Mein Geist wagte nicht mehr, an richtig oder falsch zu denken, mein Mund sprach nicht mehr von Gewinn oder Verlust.
11
Da erst erhielt ich einen Blick von meinem Meister.
12
13
Nach fünf Jahren dachte mein Geist wieder an richtig und falsch, und mein Mund sprach wieder von Gewinn und Verlust; da glitt zum ersten Mal ein Lächeln über das Gesicht meines Meisters.
14
Nach sieben Jahren dachte ich, was immer mir in den Sinn kam, ohne noch zwischen richtig und falsch zu unterscheiden, sagte, was immer mir auf der Zunge lag, ohne noch weiter zwischen Gewinn und Verlust zu unterscheiden; da hieß mich mein Meister zum ersten Mal mit ihm auf der Matte sitzen.

15
Nach neun Jahren dachte ich, was immer mir in den Sinn kam, sagte, was mir in den Sinn kam, ohne an richtig oder falsch zu denken.
16
Erst als ich ans Ende aller Dinge in mir und außer mir gekommen war, wurden meine Augen wie meine Ohren, die Ohren wie meine Nase, meine Nase wie mein Mund; alles war dasselbe.
Sehen
Hören
Riechen
17
Mein Geist war eins mit allem, und mein Körper war entspannt.
18
Knochen und Fleisch lösten sich in nichts auf.
19
Ich bemerkte nicht, wogegen sich mein Körper lehnte und worauf meine Füße traten, ich ließ mich mit dem Wind nach Osten oder Westen treiben und wußte nicht, ob der Wind mich ritt oder ich den Wind.
20
Jetzt willst du mein Schüler sein, empörst dich und grollst mir, noch bevor ein Jahr vergangen ist. Die Luft wird dein Körperchen verweigern, die Erde wird noch nicht einmal ein Glied deiner Finger tragen; wie kannst du hoffen, die Leere zu betreten und den Wind zu reiten?
Wenn der Geist still ist und nicht mehr an richtig oder falsch, Gewinn und Verlust denkt, dann ist er der universelle Geist. Er ist von der Natur nicht zu trennen, er ist der Berg und der Ozean. Warum kann er dann nicht der Wind sein?

Der Schamane trifft einen Überlegenen

Hi!Hi!
Oh Schreck! Meister!
6
Ich zeigte ihm die Form meiner Erde. Mein Atem schwang so wenig wie das Leben in einem sprießenden Keim und stockte doch nicht. Er sah mich, wie ich bin, wenn ich das Anfangsstadium der Tugend in mir überprüfe. Bringe ihn wieder her.
8
Meister, bitte sterbt nicht. Gi Hiän sagt, Eure Lebenskraft sei erschöpft.
7
Bitte lest sein Gesicht noch einmal.
9
Er hat Glück, daß er mich getroffen hat. Er wird sich erholen. Ich sehe, daß er die Kraft in sich überprüft.
10
Ich habe ihm meinen vom Himmel befruchteten Boden gezeigt. Nichts kam in meinen Sinn, kein Name, keine Wirklichkeit. Aber der verhaltene Atem stieg von meinen Fersen auf. Deshalb dachte er, ich prüfe die Kraft in mir. Er sah mich wie ich bin, wenn sich das Gute in mir im Anfangsstadium befindet. Bring ihn wieder her.
11
Euer Meister hat nicht gefastet, deshalb kann ich mich an nichts halten. Ich will es versuchen, wenn er gefastet hat.
12

13
Ich habe ihm die absolute Leere gezeigt, in der es keine Vorahnung auf irgendetwas gibt. Er sah mich, wie ich bin, wenn ich die Bewegungen meines Atems ausgleiche. Strudel, stille Wasser, Strömungen höhlen tiefe Teiche aus, ich zeigte ihm drei der neun verschiedenen tiefen Teiche.
Bring ihn noch einmal her.
Ja.
14
15
Herrje!
Das ist erschreckend. Er hat die unbegrenzte Macht, sich zu verändern.
Folge ihm.
16
17
Er floh. Ich konnte ihn nicht einholen.
18

19
Ich habe mich ihm gezeigt, wie ich war, bevor wir den Ahnen entsprangen. Ich löste mich mit ihm auf und ließ mich treiben: in die Dinge hinein und aus ihnen heraus, ohne zu wissen, wer und was wir seien. Ihm erschien das, als seien wir gestrauchelt, als hätten die Wellen uns weggetragen. Deshalb floh er.
Ich habe wirklich gar nichts vom Weg gelernt...
20
Liä Dsi ging nach Hause und verließ sein Haus drei Jahre lang nicht. Er kochte für seine Frau, fütterte die Schweine als seien sie Menschen, behandelte alle Dinge wie seine Verwandtschaft.
21
Er kehrte vom geschnitzen Jade zum unbehauenen Block zurück, bis seine Form heraustrat, abgelöst von allen Dingen. Er war ein für alle Mal frei von Verstrickungen, bis ans Ende seines Lebens.
22
Ohne Beschränkungen irgendwelcher Art zu leben, ist die höchste Form der Existenz.

Liä Dsis Last

Nicht lange danach beschloß Be Hun We Jen, Liä Dsi zu besuchen.
8
Vor Liä Dsis Türschwelle standen die Schuhe vieler Besucher.
9
Liä Dsi, jemand will Euch besuchen.
10
Meister, jetzt da Ihr gekommen seid, werdet Ihr mir nicht wenigstens Euren Rat erteilen?
11
Genug! Ich sagte dir schon, daß man dir Verantwortung auferlegen wird. Es geht nicht darum, daß du fähig bist, das zuzulassen; du bist unfähig, es zu verhindern. Was nützt dir diese Wirkung auf Menschen, die mit deinem Frieden nicht zu vereinbaren ist? Wenn du darauf bestehst, eine Wirkung zu erzielen, gerät dein inneres Selbst sinnlos ins Schwanken.
12
Was Ihr sagt, ist wahr.
Sich zur Schau stellen, zieht die Aufmerksamkeit anderer an. Das ist Dummheit, nicht Weisheit.

Schönheit und Häßlichkeit

König Mu von Dschou

König Mus Geistreise

7
Also baute der König ihm ein herrliches Bauwerk, genannt der Turm im Mittleren Himmel, und seine Schätze waren erschöpft, als der Bau vollendet war.
Ich will Euch einen wahrhaft erstaunlichen Ort zeigen, an dem Ihr Eure Augen laben könnt.
Gut!
8
9
Ohh! Ich fliege wirklich.
10
Es ist so schön, das muß das Paradies sein.
11
Ah, dies allein ist der köstlichste Palast.

12
Schaut einmal hier.
13
Ich habe Angst!
14
Ahh!
15
Das ist ja die Hölle. Bitte bringt mich nach Hause.
16
Bringt mich bitte nach Hause.
17
Bringt mich nach Hause.
Ihr saßt die ganze Zeit über hier und habt Euch nicht bewegt.
18
Wie bitte? Aber ich bin sicher, ich war im Paradies.
19
Eure Hoheit war auf einer Geistreise mit mir. Warum sollte Euer Körper sich bewegt haben? Warum sollte der Ort, den Ihr besuchtet, sich von Eurem Palast unterscheiden?

20
Eure Hoheit mag das Dauerhafte und ist mißtrauisch gegenüber dem Plötzlichen und Vergänglichen.
21
Aber kann man immer messen, wie weit und schnell eine Szene sich verändert?
Ich verstehe.
22
Der König war entzückt. Er kümmerte sich nicht länger um die Regierungsgeschäfte, fand keinen Gefallen mehr an seinen Konkubinen und verbrachte seine Zeit damit, das Land zu bereisen.
23
Er reiste in das ferne Kun Lun Gebirge, um den Palast des Gelben Kaisers zu sehen, und besuchte auch die Königinmutter des Westens.
24
Ach! Ich, der ich König bin, habe um des Vergnügens willen die Tugend vernachlässigt. Werden kommende Generationen mich nicht meiner Fehler wegen schelten?
Wie können wir König Mu als göttlichen Mann sehen? Er genoß die Zeit seines Lebens und starb, als seine hundert Jahre abgelaufen waren. Die Welt vermutete, er sei "gen Himmel gefahren".

Das Geheime und Erhabene

Er konnte die Jahreszeiten verändern und Donner und Blitz hervorrufen.
7
8
Er konnte im Sommer Eis schaffen.
Er konnte Vierfüßler zum Fliegen...
9
10
...und fliegende Tiere zum Laufen bringen.
11
Sein Leben lang verriet er seine Zauberkunst niemals, so daß sie niemals auf spätere Generationen überging.
Die Weisen, die die Kunst beherrschten, das Kaiserreich zu verwandeln, hüllten ihren Weg in Geheimnisse. Wer hat sie ergründet?

Liä Dsi über das Träumen

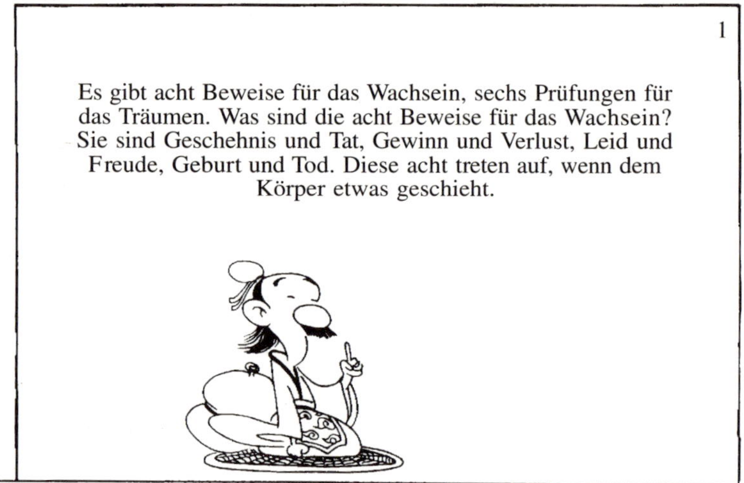

8
Wenn du ein sinkendes, verstopftes Gefühl hast, träumst du vom Ertrinken.
9
Wenn du auf einem dicken, schweren Gürtel einschläfst, träumst du von Schlangen.
10
Wer betrübt ist, träumt davon, Wein zu trinken.
11
Wenn du geweint hast, träumst du vom Singen und Tanzen.
12
Was wir uns tagsüber vorstellen oder erdenken, träumen wir bei Nacht. Das kommt vom Zusammenspiel von Geist und Körper.
13
Z
Der wahre Mensch des Altertums handelte ohne das Bewußtsein seiner selbst und träumte deshalb im Schlaf nie.
14
Im äußersten Süden der Westregion liegt das Land Gu Mang. Dort gibt es weder Sonnen- noch Mondlicht, also keinen Unterschied zwischen Tag und Nacht. Seine Bewohner essen nicht, sondern schlafen meistens.
z z
z z
z z

15
Sie halten das für wirklich, was sie im Traum tun, und das für unwirklich, was sie beim Wachen tun.
16
Dann gibt es einen Ort, der das Reich der Mitte genannt wird (China). Hier sind Yin und Yang wirklich gut verteilt, also wechselt Kälte mit Hitze ab. Hier sind Licht und Dunkel richtig eingeteilt, also wechseln Tag und Nacht einander ab.
17
Man wacht und schläft abwechselnd und hält für wirklich, was man im Wachen tut und für unwirklich, was man im Traum tut.
18
Im Land Fu Le ist es immer heiß. Die Menschen essen, was man nicht zu kochen braucht. Sie sind immer wach und schlafen nie. Sie sind von Natur aus hart und wild. Die Starken unterdrücken die Schwachen.
19
20
Ich weiß nicht, was Träume sind. Essen ist die einzige Realität.
21
Träumen und Wachen – was ist wirklich, was ist unwirklich? Das geht über das Verständnis des normalen Sterblichen hinaus.
Das Leben ist ein Traum. Wie kannst du im Wechselspiel von Wirklichkeit und Illusion sicher sein, daß du jetzt nicht träumst und daß die Geschehnisse, die du im Traum siehst, der Wahrheit nicht näher kommen?

Freude und Leid

7
Herrn Yin bedrückten seine weltlichen Geschäfte, und im Schlaf träumte er, er sei ein Leibeigener.
8
Oh Schreck! Wieder ein Alptraum.
9
Ihr habt Wohlstand und haltet Euch für besser als andere. Bei Nacht träumt Ihr, Ihr wärt ein Sklave, und die Leichtigkeit verkehrt sich in Mühsal.
10
Könnt Ihr wirklich erwarten, es im Traum und im Wachen gut zu haben?
11
Also verlangte Herr Yin nicht mehr so viel von seinen Dienern.
Arbeite nicht so hart. Ruh dich aus.
12
Er verringerte auch die Verantwortung, die ihn drückte. Folglich herrschte in seinem Haus Harmonie und sein Leiden besserte sich.
Womit der Geist sich beschäftigt, fließt in den Traum ein. Wenn man im Wachzustand Seelenfrieden erlebt, wird man auch im Schlaf Seelenfrieden erleben.

Traum oder Wirklichkeit?

8
Ich weiß nur, daß ich es habe. Wer von uns geträumt hat, ist mir gleich.
Das ist wahr.
9
Der Mann, der das Reh getötet hatte, sah im Traum das Versteck.
10
Er träumte auch, ein Mann habe sein Reh genommen.
z z
11
Ist das ein Traum?
Oder ist es wahr?
12
Ich will sehen, ob ich das Reh finden kann.
13
Also du hast mein Reh.
Aber ich fand es.
14
Der Fall kam vor Gericht.
15
Zuerst gehörte das Reh dir, doch du hieltest es für einen Traum. Dann träumtest du von dem Reh und hieltest es für Wirklichkeit. Ich weiß nur, daß hier ein Reh ist. Ich schlage vor, ihr teilt es euch.
Der Gewinn, die Vergeßlichkeit und der Traum des Holzfällers sind gleich dem Gewinn und Verlust im täglichen Leben. Sie sind so illusorisch wie ein Traum.

Gedächtnisverlust

Idiot!
Er schlug seinen Sohn grundlos.
9
10
Er jagte den konfuzianischen Herrn mit einem Beil in die Flucht.
Sei friedlich. Du könntest jemanden töten.
Laß mich los.
11
12
Warum bist du so gewalttätig, seit du dein Gedächtnis wieder hast?
13
Als ich vergaß, hatte ich keine Sorgen. Ich bemerkte nicht, ob es Himmel und Erde gab oder nicht. Jetzt erinnere ich mich plötzlich, und all die Katastrophen, Rettungen, Gewinne und Verluste, Freuden und Nöte, die Liebe und der Haß der letzten zwanzig oder dreißig Jahre tauchen als verworrenes Gespinst wieder auf.
Hi!Hi!
14
Ich befürchte, daß alles, was noch auf mich zukommen wird, mein Herz genauso verwirrt. Werde ich nie wieder einen Augenblick des Vergessens finden?
Gewinn und Verlust, Freude und Leid, Gut und Böse sind menschliche Erfindungen. Wenn man frei leben will, darf man sich von solchen Zuständen der Dualität nicht einfangen lassen.

Wer ist normal?

Tricks des Geistes

!
Oh!
Ha! Ha! Ha!
Ist das lustig!
Ich habe dir einen Streich gespielt. Du bist erst in Dsin.
!
Hi! Hi!
Possen-reiser!
Als er endlich in Yän angelangte und die Hauptstadt und den Schrein seiner Region, wirklich das Haus seiner Ahnen und das Grab seines Vaters sah...
...war sein Gefühl nicht so tief.
Kummer ist nur ein Gemütszustand und vielleicht durch die Umstände gar nicht gerechtfertigt. Deshalb liegt es nur am Geist, ob wir traurig sind.

Konfuzius

Wer ist ein Weiser?

6
Waren die drei Erhabenen Weise?
7
Die drei Erhabenen paßten sich sehr geschickt an die Zeiten an; ob sie Weise waren, weiß ich nicht.
Wer ist dann für Euch ein Weiser?
8
Unter den Völkern der Westregion gibt es einen Weisen. Er regiert nicht, doch gibt es keine Unordnung; er spricht nicht, alle trauen ihm von selbst; er reformiert nicht, sein Einfluß herrscht von allein.
9
Er ist so groß, daß keiner seiner Leute ihm einen Namen geben kann. Ich vermute, er ist ein Weiser, weiß aber nicht, ob das wirklich stimmt.
Konfuzius täuscht mich!
10
Ein Weiser ist gewöhnlich jemand, der als solcher anerkannt ist. Wenn jemand behauptet, ein Weiser zu sein, der der Gesellschaft und dem Volk dient, sucht er in Wirklichkeit seinen eigenen Vorteil.

Die Schwächen der Jünger

8
Yän Hui ist gütig, kann aber die Güte nicht kontrollieren, wenn sie nichts Gutes bewirkt.
9
Dsi Gung ist redegewandt, kann aber seine Zunge nicht im Zaum halten.
10
Dsi Lu kann tapfer sein, aber nicht vorsichtig.
11
Dsi Dschang kann würdig sein, sich aber nicht entspannen.
12
Auch wenn ich die Tugenden aller vier haben könnte, wäre ich nicht willens, sie gegen meine eigenen auszutauschen. Deshalb dienen sie mir ohne Furcht.
Ein Lehrer hält seine Position unter den Schülern hauptsächlich, weil seine Vision größer ist als die ihre. Ihre Tugenden können, was immer sie auch seien, seine Weisheit nicht übertreffen.

Freude am Reisen

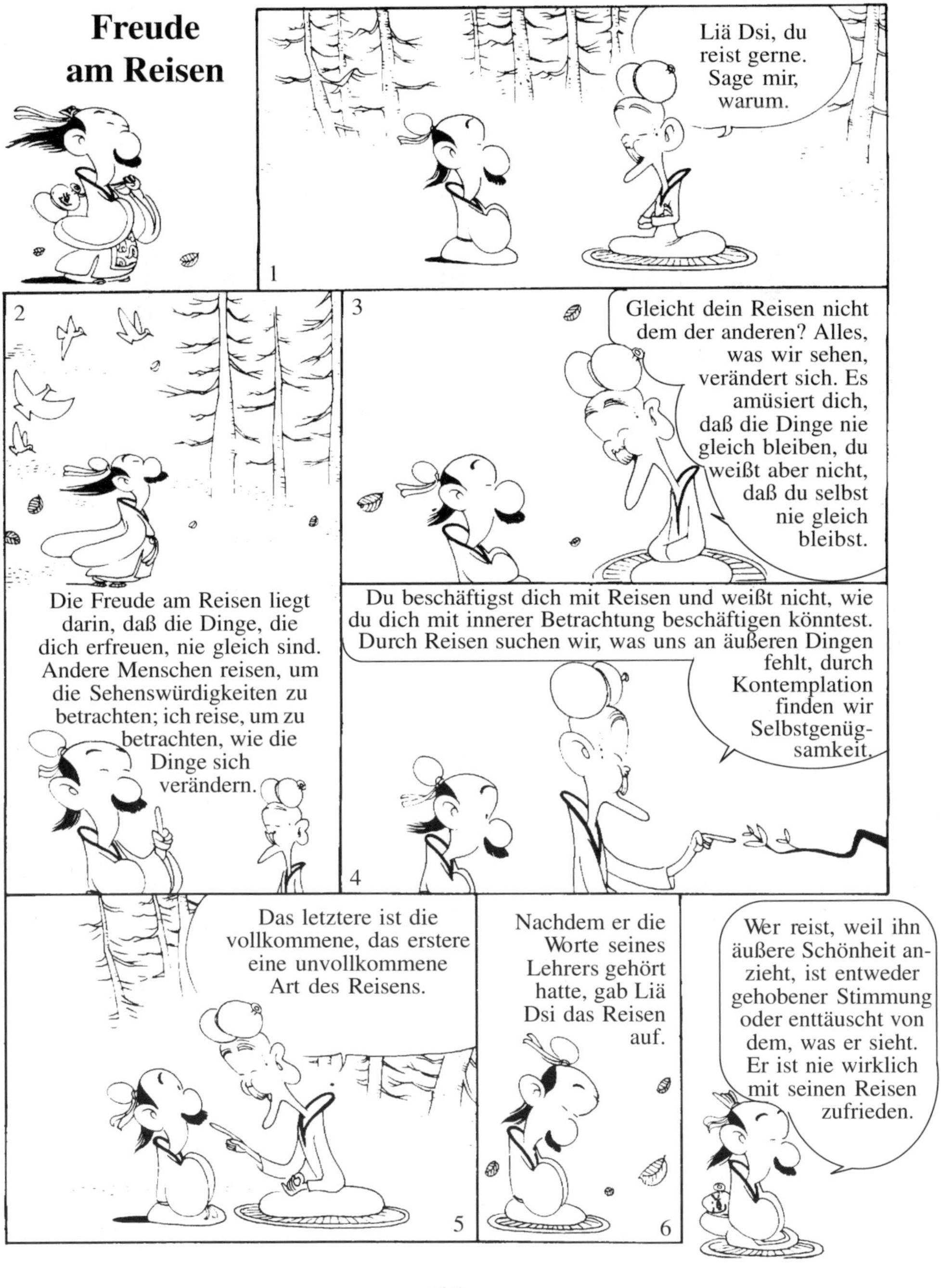

Die Fragen des Tang

Die Dinge der Schöpfung

Im Reich des Drachenfürsten sind die Menschen zehn Meter groß.
Ich bin drei Meter kleiner als meine Freunde, und alle nennen mich Zwerg.
6
Östlich von China gelangen wir in das Dsiau-Yau-Reich, wo die Menschen nur einen Fuß und fünf Zoll groß sind.
Weit im Nordosten gibt es die Dscheng, die nur neun Zoll groß sind.
7
Gibt es in der Zeit einen Unterschied von lang und kurz?
8
9
Im südlichen Meer gibt es eine langlebige Schildkrötenart. Ihr Frühling beträgt fünfhundert Jahre, ihr Herbst auch fünfhundert Jahre.
In alter Zeit gab es den großen Tschunbaum, dessen Frühling und Herbst achttausend Jahre währten.
10

11
Es gibt Insekten, die am Morgen geboren werden und am Abend sterben.
12
Unter-scheiden sich die Dinge nach groß und klein, lang und kurz?
Ich will es erklären.
13
Im nördlichen Meer lebt der Fisch Kun, der von riesiger Größe ist.
Es gibt einen Vogel Peng, dessen Flügel wie Wolken vom Himmel hängen und dessen Körper entsprechend groß ist.
14
An den Stränden des Tschang Dsiang brüten winzige Insekten, genannt Dsiau Ming. Ganze Schwärme lassen sich auf den Wimpern eines Moskitos nieder, ohne sich anzustoßen, landen und fliegen weg, ohne daß das Moskito es merkt.

Um diese Insekten zu sehen, meditierten und fasteten der Gelbe Kaiser und Yung Tscheng Dsi drei Monate lang.
15
Dann sahen sie, daß ein Dsiau Ming tatsächlich riesig war und sein Summen hallte wie Donner.
16
Was ist nützlich und was nicht?
Das läßt sich nicht sicher sagen.
17
In den Ländern Wu und Tschu gibt es den Pomelobaum. Seine Rinde und sein Saft heilen Epilepsie.
18
Wenn man ihn aber nördlich des Huaiflusses pflanzt, ist seine Frucht klein und ungenießbar.
19
Jetzt verstehe ich. Nur wenn man die Dinge vergleicht, entstehen Unterschiede wie lang und kurz, hoch und tief, groß und klein. Der Geist kann nur frei sein, wenn er nicht länger vergleicht.
20
Die Schöpfung bringt unzählige Formen hervor. Wie immer die Form, man sollte sie schätzen, pflegen und für ein gutes Leben nutzen.

Berge versetzen

6
Du bist schon so alt, sogar wenn du dich zu Tode arbeitest, kannst du die Berge nicht einebnen.
7
Wenn du Erde und Steine nicht in einer übermäßigen Anstrengung beiseite schaffst, bringt dich die Arbeit zum Weinen.
8
Du bist der Dumme. Wenn ich sterbe, überleben meine Söhne und Enkel.
9
Meine Nachkommen werden die Familie fortführen, aber die Berge werden nicht größer. Warum sollte es schwierig sein, sie einzuebnen?
10
Der Geist des Bergs hörte von dem Unternehmen. Gerührt von so viel Aufrichtigkeit, befahl er den Söhnen der Schutzgottheit, die Arbeit auszuführen.
Wie schwierig eine Aufgabe auch sei, wenn du dich nicht daran machst, wie weißt du dann, daß du es nicht tun kannst? Mit Vorsatz und Entschlossenheit kann man sogar Berge versetzen.

Kua Fu jagt die Sonne

6
Sein Durst war noch nicht gestillt; er rannte nach Norden, um das Sumpfland auszutrinken.
7
Huhh!
8
Hi! Hi!
Aber unterwegs verdurstete er, und der Boden bebte, als sein Körper fiel.
Tage und Jahre vergingen.
9
10
Sein Körper zerfiel.
11
Bald wurde sein Körper zur Nahrung für andere Dinge, die auf ihm wuchsen.
Man muß seine Stärken und Grenzen kennen und darf sich nicht übernehmen. Wer der Natur spotten will, muß die Folgen tragen.

Tradition und Brauch

Der Geist der Zither

6
Es liegt nicht an den Saiten, die ich nicht stimmen, nicht an der Melodie, die ich nicht beenden kann. Was mir im Sinn liegt, bezieht sich nicht auf Saiten, und was ich erstrebe, bezieht sich nicht auf Töne.
7
Wenn ich es innerlich nicht mit dem Herzen verstehe, wird keine Antwort von dem Instrument kommen. Deshalb wage ich es nicht, die Saiten zu rühren.
8
Wen verließ seinen Meister eine Zeitlang und kehrte dann zurück.
9
Was macht dein Zither-spiel?
Ich habe es geschafft. Ich zeige es Euch.
10

11
!
12
Es war Frühling, doch er rührte die Herbstsaite an und beschwor den Klang des achten Monats herauf. Plötzlich kam ein kühler Wind auf, und die Früchte reiften an den Büschen und Bäumen.
13
Im Herbst rührte er die Frühlingssaite an und beschwor den Klang des zweiten Monats herauf. Eine warme Brise wehte sanft, und die Sträucher und Bäume schlugen aus.
14
Im Sommer rührte er die Wintersaite an und beschwor den Klang des elften Monats herauf. Frost und Schnee fielen, und die Flüsse und Seen froren plötzlich zu.
15

16
Als der Winter kam, rührte er die Sommersaite an und beschwor den Klang des fünften Monats herauf. Die Sonne brannte heiß, und das Eis schmolz sofort.
Nun, was sagt Ihr?
Dein Spiel ist erhaben.
17
Nicht einmal Meister Kuang mit seiner Tsin Dsiau Musik und Dsou Yän mit seiner Flöte können das übertreffen. Kuang rief mit seiner Tsin Dsiau Musik eine dreijährige Dürre hervor. Dsou Yän erwärmte mit seinem Flötenspiel das Klima des fernen Nordens. Doch müßten sie Euch mit der Zither unterm Arm und der Flöte in der Hand nachfolgen.
18
Ein Mensch von Wert beschäftigt sich nicht mit äußeren, vergänglichen Ereignissen, sondern tut, was ihm in den Sinn kommt. Das reine Bewußtsein ermöglicht es ihm, bis ins Herz der Dinge vorzudringen.

Mit Herz und Seele singen

6
Sogar die Wolken am Himmel hielten still.
8
9
Da entschuldigte sich Süo Tan und bat, er möge ihn wieder aufnehmen, und wagte sein ganzes Leben lang nicht mehr, vom Heimkehren zu sprechen.

10
Sein Meister sagte ihm: Es war einmal eine Frau namens Han Erl, die lebte in Han. Auf der Reise nach Tsi waren ihre Vorräte erschöpft.
11
Sie betrat die Hauptstadt durch das Tor der Eintracht und sang als Gegenleistung für ihre Mahlzeiten.
12
Als sie ging, kreisten die Töne noch drei Tage lang um das Gebälk des Tors, ohne zu verklingen. Die Menschen dachten, sie sei noch da.
13
Sie kam an ein Gasthaus, und der Wirt beleidigte sie.
14
Deshalb weinte sie in jammernden, langgezogenen Tönen.
15
Alle Menschen im Viertel, jung und alt, schauten einander traurig an, und die Tränen liefen ihnen über das Gesicht.

16
Sie waren so bedrückt, daß sie drei Tage lang nicht essen konnten.
17
Sie eilten ihr nach und brachten sie zurück.
18
19
20
Sie sang ihnen eine Ballade, und alle, jung und alt, tanzten unwillkürlich vor Freude und vergaßen ihre Trauer. Danach gaben sie ihr reiche Geschenke mit auf den Weg.
21
Deshalb sind sogar heute die Menschen vom Tor der Eintracht gute Sänger und Klageweiber, denn sie nehmen sich die Erinnerung an Han Erl zum Beispiel.
Was aus der Tiefe deines Wesens kommt, wirkt unfehlbar auf andere. Die Zeit kann seine Wirkung nicht schmälern.

Ein Freund nach meinem Herzen

4
Wenn Be Ya an fließende Wasser dachte...
Herrlich! Überschäumend wie der Gelbe Fluß und der Tschang Dsiang.
5
Eines Tages wurden sie an der Nordseite des Taischan von einem Sturm überrascht.
6
Be Ya überfiel ein Gefühl der Melancholie und spielte auf seiner Zither. Zuerst komponierte er ein Stück über den endlosen Regen.
!
7
Wie Regentropfen...
8
Wie anhaltender Regen...
9
Wie ein Regenguß...

10
Dann improvisierte Be Ya den Klang von Steinschlag und einstürzenden Bergen.
Ausgezeichnet! Der Klang deiner Zither spiegelt den Klang der natürlichen Umgebung!
11
Jetzt ist es wie fallende Felsen.
12
Wie gut du zuhörst! Du stellst dir genau das vor, was ich im Sinn habe. Können meine Töne nirgendwohin entfliehen?
Wirklich?
Die Empfindungen des Herzens werden auf wortlose Weise mitgeteilt. Auch ohne Worte kann es zu anderen ein schweigendes Einvernehmen geben. Ein Herzensfreund ist schwer zu finden. Wenn du so einen Freund hast, was könnte dir da noch fehlen?

Der erhabene Bogenschütze

7
Nach zwei Jahren blinzelte er nicht einmal, wenn ein scharfes Ding seinen Augenwinkel berührte.
8
Jetzt mußt du lernen, wie man schaut. Komm wieder, wenn du das Kleine sehen kannst, als wäre es groß, und das Undeutliche, als wäre es deutlich.
9
Gi Tschang hing einen Floh an einem Haar aus einem Yakschwanz auf und betrachtete ihn von weitem mit der Sonne als Gegenlicht.
10
Nach drei Monaten sah der Floh so groß aus wie ein Nachtfalter. Nach einem Jahr hatte er die Größe eines Schweins.
11
Nach drei Jahren war er so groß wie ein Büffel.
12
Als er andere Dinge auf die gleiche Weise ansah, erschien ihm ein Pferd so groß wie ein Berg.

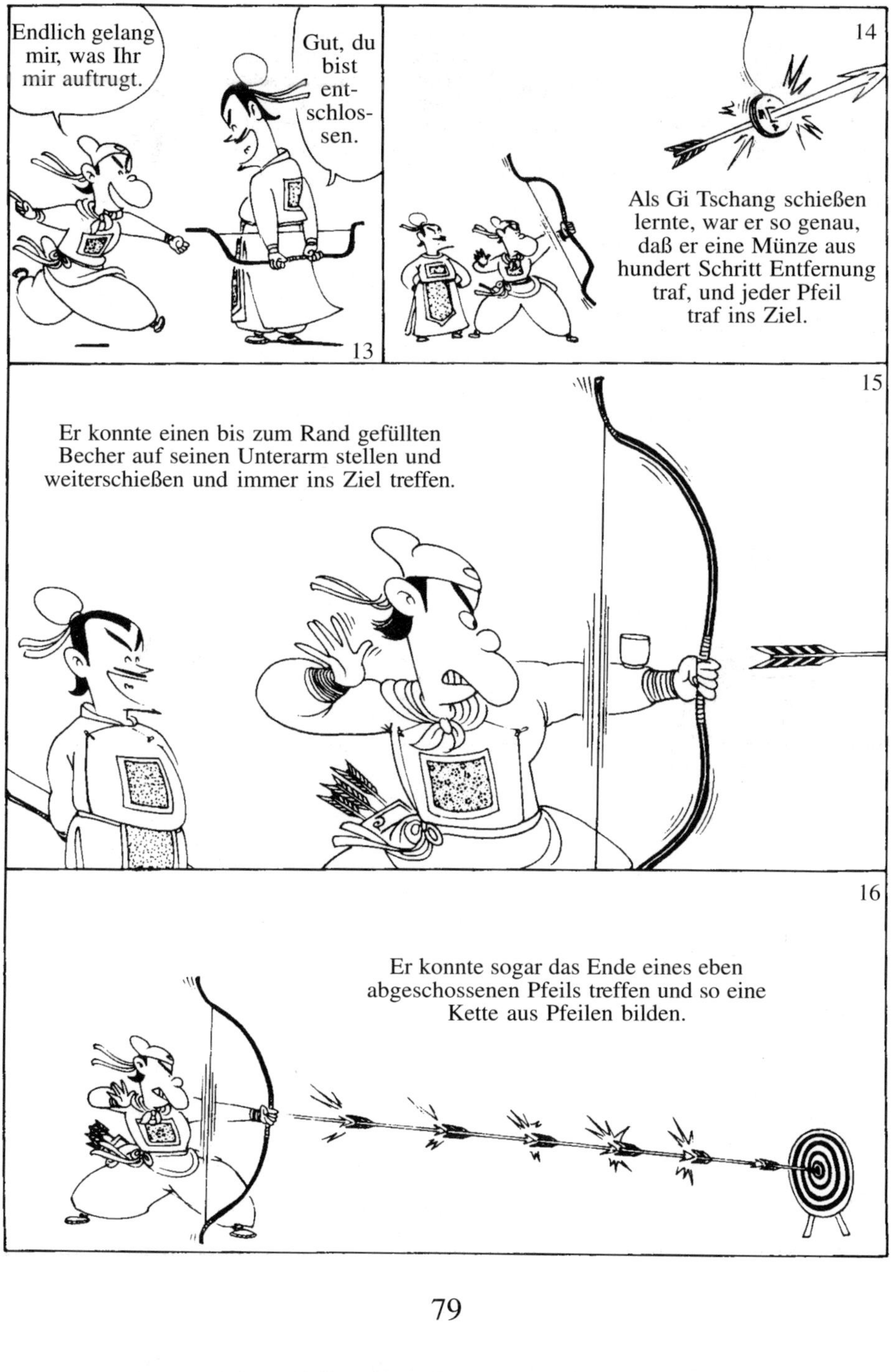
Endlich gelang mir, was Ihr mir auftrugt.
Gut, du bist entschlossen.
13
14
Als Gi Tschang schießen lernte, war er so genau, daß er eine Münze aus hundert Schritt Entfernung traf, und jeder Pfeil traf ins Ziel.
15
Er konnte einen bis zum Rand gefüllten Becher auf seinen Unterarm stellen und weiterschießen und immer ins Ziel treffen.
16
Er konnte sogar das Ende eines eben abgeschossenen Pfeils treffen und so eine Kette aus Pfeilen bilden.

17
Als er nach Hause zurückkehrte, war seine Frau nicht froh, ihn zu sehen.
Du arbeitest nichts und suchst immer nur nach Dingen, auf die du schießen könntest. Was für ein Ehemann bist du?
18
Gi Tschang feuerte einen Pfeil auf seine Frau ab und war dabei so schnell, daß sie nicht bemerkte, wie ihr dabei einige Wimpern abgetrennt wurden.
19
Gi Tschang sah sich als Bogenschützen ohne seinesgleichen.
20
Fe We.
Er dachte, nur ein Mensch könne sich mit ihm messen.
21
Eines Tages traf er Fe We im Moor und beschloß, ihn zu einem Duell herauszufordern.
22
Ihre Pfeilspitzen trafen sich in der Luft und fielen zu Boden.
!

23
Die Pfeile, die Gi Tschang abfeuerte, wurden von Fe We leicht abgefangen.
24
Oh weh! Ich habe keine Pfeile mehr.
25
Triff deinen Tod.
26
Fe We fing die Pfeilspitze mit seinen Zähnen!
27
Ohh!
28
Daraufhin warfen die beiden Männer ihre Bogen beiseite, weinten, umarmten sich und beschlossen, wie Vater und Sohn zu werden. Sie vermischten das Blut aus ihren Armen und schworen, ihre Kunst niemals einem anderen beizubringen.

29
Ich habe dich alles gelehrt, was ich über das Bogenschießen weiß. Suchst du die allerhöchste Kunst, mußt du sie von meinem Meister Gan Ying erlernen.
30
Im Vergleich zu seiner Kunst ist unsere wie Kinderspiel. Er lebt auf einem fernen Berg.
31
Gi Tschang machte sich sofort auf den Weg zum Meister.
32
Nach unzähligen Härten erreichte er schließlich Gan Yings Domizil.
33
Seid Ihr Meister Gan Ying?
So ist es.

34
Bin ich nicht ein großartiger Schütze?
35
Wie ist das?
Nicht schlecht.
36
Aber du brauchst noch einen Pfeil, um den Vogel zu treffen, das ist nicht die höchste Kunst.
37
Hast du gelernt, ohne Pfeile zu schießen?
38
Was, man kann ohne Pfeile schießen?
39
Folge mir.

40
Ohh!
41
Jetzt zeig mir deine Kunst.
Oh nein, hier kann ich es nicht.
42
Ich will dir die wahre Kunst des Bogenschießens zeigen.
Wo sind Eure Pfeile, Euer Bogen?
43
Solange du Pfeil und Bogen brauchst, verstehst du die erhabene Kunst des Bogenschießens nicht.
44
Komm herab!
!
45
Die höchste Bogenkunst braucht Pfeil und Bogen nicht.

46
Gi Tschang blieb neun Jahre in Gan Yings Lehre. Niemand wußte, was er von Gan Ying lernte.
47
Nach zehn Jahren verließ Gi Tschang den Berg. Er war völlig verwandelt, seine Grobheit war vollkommen verschwunden.
48
Gi Tschang, ich sehe, du bist jetzt ein Bogenschütze ohne seinesgleichen. Auch als dein Untergebener würde ich mich deiner unwürdig fühlen.
Durchaus nicht.

49
Die Menschen wollten sein Können sehen, doch er bewegte sich nicht. Er hatte weder Pfeil noch Bogen.
50
Gi Tschang, zeig uns, was du kannst.
Warum schießt du nicht?
51
Bewegung ohne Bewegung, Sprechen ohne Ton, Schießen ohne Pfeil – warum sollte ich schießen?
Der erhabenste Bogenschütze hat kein Gefühl für sich und andere, Bogen und Pfeil. Er ruht vollständig in sich selbst.
52
Gi Tschang verlebte die nächsten vierzig Jahre in Frieden. Man sagte, das Dach seines Hauses sei ein unsichtbarer Pfeil und Bogen, dem nicht einmal die Vögel sich zu nähern wagten.

Die Kunst des Wagenlenkens

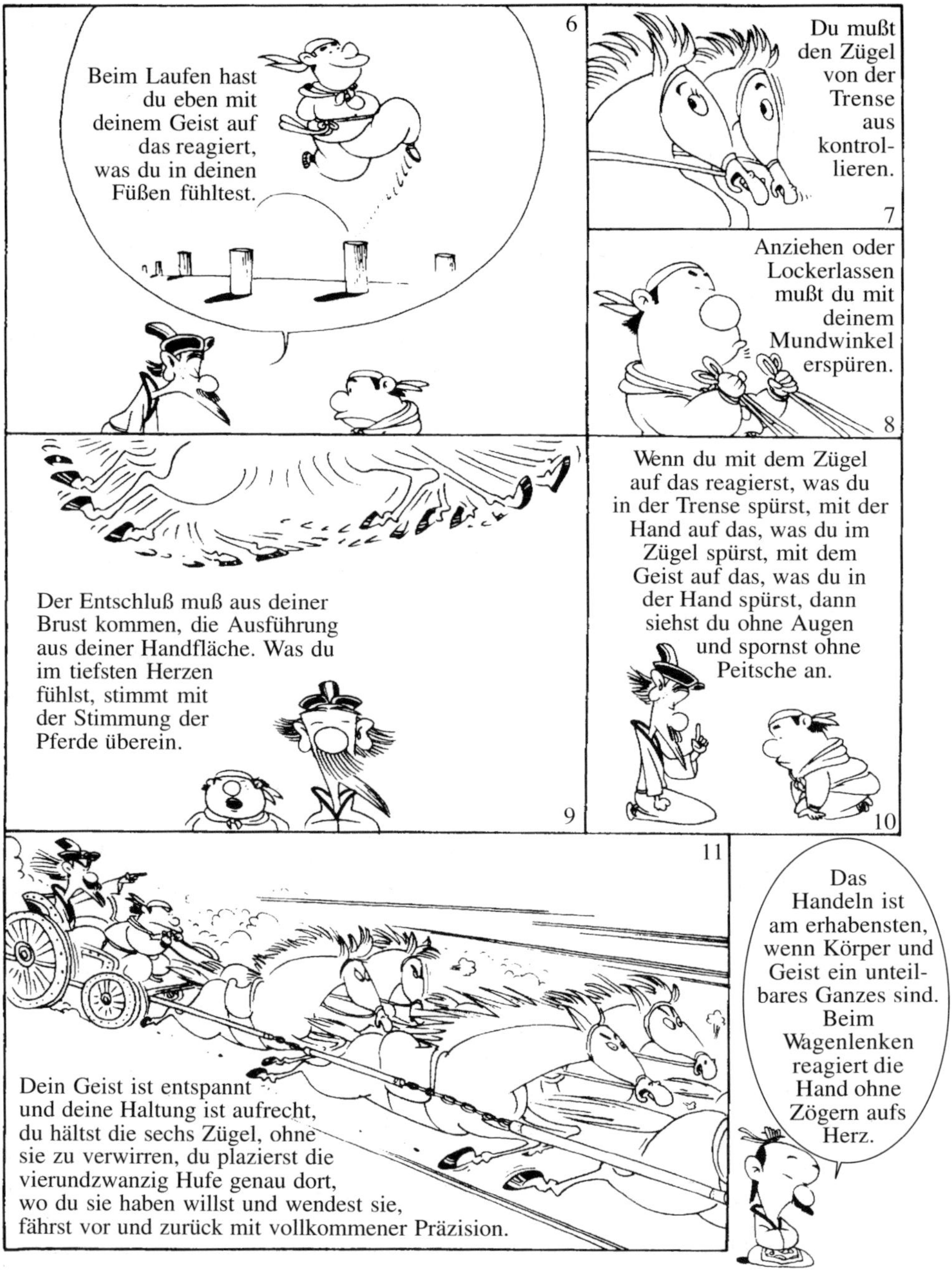

6
Beim Laufen hast du eben mit deinem Geist auf das reagiert, was du in deinen Füßen fühltest.
Du mußt den Zügel von der Trense aus kontrollieren.
7
Anziehen oder Lockerlassen mußt du mit deinem Mundwinkel erspüren.
8
Der Entschluß muß aus deiner Brust kommen, die Ausführung aus deiner Handfläche. Was du im tiefsten Herzen fühlst, stimmt mit der Stimmung der Pferde überein.
9
Wenn du mit dem Zügel auf das reagierst, was du in der Trense spürst, mit der Hand auf das, was du im Zügel spürst, mit dem Geist auf das, was du in der Hand spürst, dann siehst du ohne Augen und spornst ohne Peitsche an.
10
11
Dein Geist ist entspannt und deine Haltung ist aufrecht, du hältst die sechs Zügel, ohne sie zu verwirren, du plazierst die vierundzwanzig Hufe genau dort, wo du sie haben willst und wendest sie, fährst vor und zurück mit vollkommener Präzision.
Das Handeln ist am erhabensten, wenn Körper und Geist ein unteilbares Ganzes sind. Beim Wagenlenken reagiert die Hand ohne Zögern aufs Herz.

Die Rache eines Sohnes

8
Der Versager Lai Dan will sich an mir rächen. Ich bin jederzeit bereit.
Ohh!
9
Es ist hoffnungslos. Es scheint unmöglich zu sein, He Luan zu töten und meinen Vater zu rächen.
10
Ich habe gehört, daß der Großvater von Gung Dschou die geschätzten Schwerter des Yin Kaisers geerbt hat. Mit so einem Schwert könnte ein kleiner Junge eine ganze Armee abwehren. Warum bittest du ihn nicht um Hilfe?
11
Also ging Lai Dan nach We zu Gung Dschou. Bevor er seine Bitte äußerte, sprach er Gung Dschou höflich an und bot ihm seine Frau und Kinder als Sklaven an.
Ich habe drei Schwerter, aber keines davon kann jemanden töten.
12
Das erste heißt "Gefäß des Lichts". Wenn du es suchst, ist es unsichtbar, wenn du es schwingst, kannst du nicht sagen, wo es ist. Wenn es etwas trifft, gibt es keine Wunde; das Opfer merkt nicht, daß es durchstoßen wurde.
Das zweite Schwert heißt "Empfänger der Schatten". Stehst du im Zwielicht vor der Dämmerung mit dem Rücken zur Sonne, sieht es so aus, als sei dort etwas vorhanden, aber niemand kann seine Form erkennen. Wenn es auf etwas trifft, hört man ein Zischen, und es durchdringt das Opfer, ohne ihm weh zu tun.
13

Das dritte heißt "Bei Nacht gestählt". Bei Tag siehst du seinen Glanz, doch nicht seine Form. Wenn es auf etwas trifft, hört man ein Reißen, und die Wunde schließt sich, sobald es sie durchstoßen hat. Das Opfer empfindet Schmerz, aber es bleibt kein Flecken auf der Schneide.
14
Diese drei Schätze wurden dreizehn Generationen lang weitergegeben, ohne gebraucht zu werden. Ich bewahre sie in ihren Hüllen auf und habe ihre Siegel noch nie gebrochen.
15
Welches Schwert möchtest du?
Das dritte.
16
17
Gung Dschou fastete sieben Tage lang mit Lai Dan; in der Dämmerung des siebten Tages übergab er ihm das Schwert.
18
Also machte sich Lai Dan mit dem Schwert an seiner Seite auf die Suche nach He Luan.
19
Z
Z
Er vollzog seine Rache, als He Luan betrunken unter seinem Fenster lag.
Das ist meine Chance.
20

21
He Luan, ich werde dich töten.
Er durchschnitt He Luan drei Mal vom Hals bis zum Bauch.
Z Z
22
Was hast du mit meinem Vater angestellt?
23
Dich werde ich auch töten.
Au! Was machst du denn?
24
Warum hast du mit deiner Hand drei Mal so merkwürdig vor mir herumgefuchtelt?
25
Dieses Schwert kann wirklich keinen töten.
26
Getötet habe ich niemanden, aber mein Wunsch nach Rache ist erfüllt.
Ein Schwert, das früher riesige Armeen abwehren konnte, ist nicht länger nützlich. So lassen sich auch manche Maximen der Alten heute nicht mehr anwenden.

Streben und Schicksal

Schicksal

1
Nehmen wir den Fall zweier Männer, die in Alter, Sprache, Begabung und Erscheinung sich ähneln wie Brüder, doch in bezug auf Todeszeit, Rang, Ruf und Zuneigung, die sie erfahren, so verschieden sind wie Vater und Sohn.
Yang Bu fragte seinen älteren Bruder Yang Dschu:
Das verwirrt mich.
Es ist eine Frage des Schicksals.
2
3
Alles, was geschieht, ohne daß wir wissen warum, ist Schicksal. Wer dem Schicksal vertraut, für den gibt es keinen Unterschied zwischen langem und kurzem Leben. Wer seinem Geist vertraut, für den gibt es nichts Angenehmes und Abstoßendes.
Dann können wir sagen, daß es nichts gibt, dem er traut oder mißtraut.
Er ist wahrhaftig und echt. Was sollte er meiden, an was sich freuen, was betrauern, tun oder lassen?
4
Der erhabenste Mensch denkt nicht daran, weshalb er lebt und handelt. Weder verändert er seine Gefühle und seinen Ausdruck, weil man ihn beobachtet, noch verändert er sie nicht, weil man ihm nicht zusieht. Er kommt allein und geht allein; was sollte ihn hindern?

Dem Leben anhängen, den Tod scheuen

7
Könnte man sich durch Verdienst am Leben erhalten, hätten Eure Ahnen Tai Gung und Herzog Huan ewig gelebt. Könnte man sich durch Mut am Leben erhalten, hätten Herzog Dschuang und Herzog Ling ewig gelebt.
8
Wären diese Fürsten noch am Leben, wäre mein Herr jetzt in den Reisfeldern und kümmerte sich um nichts als seine Arbeit, hätte keine Zeit, über den Tod nachzudenken. Denn wie kam mein Herr auf den Thron?
9
Weil ihn Eure Vorfahren einer nach dem anderen innehatten, bis Eure Zeit gekommen war. Und es ist nicht edel, daß Ihr als einziger darüber Tränen vergießt.
10
Ich sehe einen unedlen Herrn und zwei kriecherische Minister, deshalb nur fand ich es belustigend.
11
Herzog Ging schämte sich. Er erholte sich und stieß mit seinen Ministern an.
Man sollte sich dem Leben und Tod stellen und mit Mut und Zuvertrauen leben. Sich ans Leben klammern und den Tod scheuen ist, als verirre man sich und geriete auf eine Reise ohne Wiederkehr.

Der Tod ist kein Anlaß zum Kummer

* 1 Jin = 1/2 kg

Yang Dschu

1

Yang Dschu gilt als Taoist, doch seine Philosophie unterscheidet sich vom Taoismus auf vielerlei Weise.

2

Seine Botschaft ist sehr einfach: Das Leben ist kurz, und die einzigen guten Gründe zu leben sind Musik, Gesellschaft, schöne Kleider und schmackhaftes Essen. Er war anscheinend der Meinung, daß man niemals um äußerer Vorteile willen, ja nicht einmal für den Thron des Kaiserreichs den geringsten Körperschaden, nicht einmal den Verlust eines Haares dulden solle, weil äußere Besitztümer ersetzbar sind, der Körper aber nicht.

Leerer Ruhm

Als Yang Dschu sich in Lu aufhielt, wohnte er bei Herrn Meng.
Wir sind eben so, wie wir sind. Wozu ist ein Ruf gut?
Ein guter Ruf hilft uns, reich zu werden.
Wozu ist er dann noch gut?
Er verhilft uns zu hohem Rang.
Und dann, wozu ist er noch gut?
Er hilft uns, wenn wir tot sind.
Wozu nützt er uns dann?
Er hilft unseren Nachfahren.
Wie nützt unser Ruf unseren Nachfahren?

7
Sich um seinen Ruf zu kümmern, ist ärgerlich für den Körper und läßt das Herz welken. Doch wer seinen Ruf nutzt, kann seiner ganzen Sippe zu Wohlstand verhelfen, von seinen Nachfahren ganz zu schweigen.
8
Doch wer sich um seinen Ruhm bemüht, muß ehrlich sein, und wer ehrlich ist, ist arm. Er muß bescheiden sein, und wenn er bescheiden ist, steigt er nicht auf.
9
Als Guan Dschung Minister in Tsi war, war er lüstern, wenn der Herrscher lüstern war – er paßte sich seinem Herrscher in Gedanken und Sprache an; der Staat gewann durch die Ausübung seines Wegs die Hegemonie. Doch nach seinem Tod war die Familie Guan immer noch die Familie Guan.
10
Als Gian Heng Minister in Tsi war, war er bescheiden, wenn der Herrscher arrogant war, und großzügig, wenn der Herrscher gierig war. Das Volk stellte sich auf seine Seite, und er gewann die Vormacht im Staat Tsi, die seine Nachfahren bis heute genießt.

Wenn du also deinem Ruf gerecht wirst, bist du arm; wenn dein Ruf nur Schein ist, wirst du reich.
Das stimmt.
11
Die Wirklichkeit hat nichts mit dem Ruf zu tun, der Ruf nichts mit der Wirklichkeit. Der Ruf ist nur Schein.
12
Vor langer Zeit behaupteten Yau und Schun, sie wollten das Kaiserreich dem Hu Yu und dem Schan Tschuan übergeben, und erwarben so einen guten Ruf für ihre Großzügigkeit. Tatsächlich behielten sie aber das Kaiserreich. Sie erlangten einen guten Ruf, ohne das Kaiserreich zu verlieren.
13
14
Be Ying und Schu Tsi, die das Lehensgut Gu Dschu tatsächlich abgaben, verloren den Staat und verhungerten auf dem Schou Yang Berg.
15
Der Unterschied zwischen Wirklichkeit und Schein läßt sich nicht deutlicher zeigen.
Man kann in der Welt nicht beides haben. Wer einen guten Ruf haben will, muß Wohlstand und Status aufgeben. Wer Status und Reichtümer will, muß sich daran erinnern, daß dies auf Kosten seiner Rechtschaffenheit geschieht.

Das Leben ist kurz

Sollen wir unser Leben mit der Suche nach dem vergeuden, was nicht von Dauer ist?
Dann kann man nicht zwischen gut und böse unterscheiden, ganz gleich, was man auch hört.
Man kann sich nicht an der Schönheit freuen, die vor unseren Augen ist.
Wenn einer kein friedliches Leben führen kann, ist er dann besser als ein Verbrecher oder Ausgestoßener?
Im Leben sind wir einen Augenblick lang hier, im Tod sind wir für einen Augenblick gegangen. Deshalb sollten wir uns nach dem Wunsch unseres Herzens richten und unsere Neigungen nicht unterdrücken.
Wir sollten unserer Natur folgend umherziehen und nicht gegen die Strömung rebellieren, die allen Dingen gemeinsam ist. Wenn wir unserer Natur folgen, sind wir mit allen Dingen auf gemeinsamem Grund.
Wenn man im Leben nicht auf Ruf aus ist oder nach dem Tod einen guten Namen begehrt, dann spielt es keine Rolle, wie lange man lebt. Lebe einfach und freue dich am Leben.

Leben und Tod

6
Wir alle sterben, manche in zehn, andere in hundert Jahren.
7
Heilige und Weise sterben. Im Leben waren sie Yau und Schun, im Tod waren sie verwesende Gebeine.
8
Im Leben waren sie Giä und Dschou, im Tod waren sie verwesende Gebeine.
9
Verwesende Gebeine sind alle gleich, wer kann sie unterscheiden?
Beeile dich, das Leben zu genießen, solange du es hast. Weshalb sich sorgen, was geschieht, wenn du tot bist.

Reichtum und Armut sind beide schädlich

Verrückt oder klug?

6
Er reiste, wohin er wollte, ganz gleich, wie lang und gefährlich die Reise sein mochte.
7
Täglich waren hunderte von Gästen an seinem Hof.
8
In seiner Küche erlosch das Feuer nie.
9
Die Überreste seiner Extravaganzen verteilte er fern und nah, zuerst an seinen eigenen Klan, dann in der Stadt und den umgebenden Dörfern, schließlich im ganzen Land.
10
Als er sechzig wurde und seine Lebenskraft zu schwinden begann, gab er seine Angelegenheiten auf und verschenkte all die Kleinodien in seinen Lagerhäusern.

11
Er verschenkte seine Konkubinen und Schätze. In einem Jahr hatte er alles weggegeben und nichts für seine Kinder und Enkel übriggelassen.
12
Erbe? Ich kann dir nichts geben.
13
Als er krank wurde, hatte er keine Medizin vorrätig.
14
Als er starb, hinterließ er kein Geld für sein Begräbnis. Die Menschen im Land, die sich an seinem Wohlstand erfreut hatten, sammelten für sein Begräbnis und stellten das Eigentum seiner Kinder und Enkel wieder her.
15
Duan Mu Schu war ein Verrückter. Er entehrte den Schüler des Konfuzius, der sein Ahnherr war.
Als Tsin Gu Li das hörte, sagte er:
Duan Mu Schu war erhabener als sein Ahnherr. Seine Taten erstaunten das gemeine Volk, doch die Vernunft stimmt ihm zu.
Als Duan Gan Scheng davon hörte, sagte er:
16
Dschuang Dsi empfahl, man solle seinen inneren Zustand verstehen, doch Yang Dschu riet, man solle die Gaben der Welt voll ausschöpfen. Was also ist der Sinn des Lebens?

Leben und Sterben

Nicht ein einziges Haar opfern

Natürlich ist ein Haar im Vergleich mit Haut und Fleisch sehr wenig, und Haut und Fleisch sind weniger als ein Gelenk.
8
Doch sind genug Haare soviel wert wie Haut und Fleisch und genug Haut und Fleisch so viel wie ein Gelenk. Bedenke, ein Haar hat seinen Platz unter all den Körperteilen. Wie kannst du leichtfertig damit umgehen?
9
10
Ich weiß nicht, wie ich Euch antworten soll. Ich weiß nur, daß Laotse und Guan Yin Euch zustimmen würden.
Pflege deinen Körper.
Ja!
11
Wenn ich den großen Yu und Mo Dsi befragte, stimmten sie mir zu.
Handle zum Wohl der Welt.
!
In den alten Zeiten gab es diejenigen, die nicht ein einziges Haar für die Welt opfern wollten. Auch wenn man ihnen unbegrenzte Schätze anbot, gaben sie nicht einmal ein einziges Haar auf.

Das Große und das Belanglose

6
Außerdem schwimmen die großen Fische, die ein Boot verschlingen können, nicht in kleinen Flüssen.
Vögel, die hoch fliegen, landen nicht in Teichen und Pfützen.
7
8
Die Huang Dschung und Da Lu Musik kann keine gemeinen Tanzvergnügungen begleiten. Warum? Weil ihr Klang weit über dem Gewöhnlichen liegt.
9
Deshalb heißt es: "Wer sich zu großen Unternehmungen aufmacht, schert sich nicht um Belanglosigkeiten; wer große Erfolge erzielt, erzielt keine kleinen."
Ein Kind kann hundert Schafe kontrollieren; Yau und Schun können noch nicht einmal ein einziges Schaf bewegen, doch können sie ein Reich regieren.

Leeres Trachten

Ein einfacher Bauer

Erklärende Verbindungen

Selbst und Schatten

Echo

Guan Yin sagte zu Liä Dsi:
Wenn deine Worte schön oder häßlich sind, dann ist ihr Echo ebenso.
1
Wenn dein Körper klein oder groß ist, dann ist der Schatten ebenso.
2
3
Ruf ist das Echo, Verhalten ist der Schatten.
Indem der Weise beobachtet, was verging, weiß er, was kommen wird. Dadurch kann er Dinge voraussagen.
4
Wir urteilen aufgrund unserer Erfahrung, bestätigen durch die Erfahrung anderer. Wenn einer mich liebt, bin ich sicher, ihn zu lieben.
5
So wurden Tang und Wu Kaiser, weil sie das Kaiserreich liebten. Giä und Dschou kamen zu Fall, weil sie das Kaiserreich haßten; das ist die Bestätigung.
6
Wie andere uns behandeln, hängt davon ab, wie wir sie behandeln. Es ist wie ein Schatten: Wenn du aufrecht bist, ist auch er aufrecht.

Das Studium des Tao

Liä Dsi lernt Schießen

Torheit und Weisheit

Die Natur übertrumpfen

Voraussicht

Eine Frage des Zeitpunkts

7
Die Fürsten dieses Landes liegen in heftigem Streit. Regiere ich den Staat den moralischen Lehren gemäß, führt das ins Verderben.
8
Er kastrierte und verbannte den Mann.
Der andere Sohn ging nach We und trat als Feldherr vor den Fürsten von We.
Regiert durch Kriegskunst!
9
Mein Staat ist schwach; mit Militärkraft halte ich nicht lange durch.
10
Der Fürst befürchtete, der Mann könne in einen anderen Staat gehen und ihm Schwierigkeiten bereiten. Also schnitt er ihm die Füße ab und schickte ihn zurück nach Lu.
11
Weshalb versagten meine Söhne?
12
"Wähle den richtigen Zeitpunkt und du gedeihst, wähle den falschen Zeitpunkt und du verdirbst." Es gibt kein Prinzip, das unter allen Umständen richtig ist, oder eine Tat, die unter allen Umständen falsch ist. Die Methoden von gestern legen wir heute ab, setzen sie aber vielleicht in der Zukunft wieder ein. Es gibt kein unveränderliches Richtig oder Falsch.
Es gibt keine eindeutig richtigen oder falschen menschlichen Prinzipien. Wahre Weisheit ist, sich an den Wandel der Zeiten anzupassen.
13

Angriff und angegriffen werden

Der Regen, der nicht anhält

Glück und Unglück

Der Pferdekenner

6
Bei der Besichtigung erwies sich das Pferd als ein schwarzer Hengst.
Der Mann, den du ausschicktest, Pferde zu finden, ist nicht gut. Was weiß er über Pferde?
7
8
So weit hat er es also gebracht! Er ist tausendmal soviel Wert wie Leute meinesgleichen.
9
Was er sieht, ist der innerste Impuls hinter den Bewegungen des Pferdes. Er erkennt das Wesen und vergißt die Form. Deshalb konnte er sich an Farbe und Geschlecht nicht erinnern.
Was?
10
Später erwies sich das Tier als ein großartiges Pferd.
Ein Taoist beschäftigt sich mit dem Wesen der Dinge, nicht mit ihrer Erscheinung. Junge Männer bemerken nur das Aussehen eines Mädchens; deshalb braucht es einen alten Mann, um ihre Tugend einzuschätzen, stimmt's?

Hoher Aufstieg, tiefer Fall

Der Tod zweier Toren

7
8
Ein Mann aus Yän hörte davon, rief seine Leute zu sich und warnte sie:
Wenn ihr auf Räuber trefft, seid nicht wie der Schlauberger Niu Küo.
Bald danach zog sein jüngerer Bruder nach Tsin.
9
!
Freund, zahle den Wegzoll!
10
Wenn ich mich berauben lasse, erleide ich das gleiche wie Niu Küo.
11
Versucht doch, mich zu berauben. Nehmt das!
Drei gegen einen, du verlierst.
12

13
Ohh!
Ha! Ha!
14
Geht nicht weg! Gebt mir meine Sachen wieder!
!
15
Gebt mir meine Kleider und mein Geld zurück!
16
Dein Leben zu schonen, war großzügig genug, und jetzt rennst du uns auch noch nach.
17
Wenn ein Mann erst einmal zum Räuber wurde, kann er sich Güte nicht leisten. Stirb also!
Ähnliches Handeln erzielt nicht ähnliche Ergebnisse. Man sollte der Lage gemäß handeln und nicht versuchen wollen, ein bestimmtes Ziel zu erreichen.

Der glücklose Spieler

Das Essen eines Verbrechers

Tod als Rache

Yang Bu schlägt seinen Hund

Leben und Unsterblichkeit

Güte oder Grausamkeit?

Die Starken fressen die Schwachen

Schande

Ein armer Mann aus Tsi bettelte immer auf dem Markt.
Danke!

Die Menschen auf dem Markt wurden seiner müde, weil sie ihn zu oft sahen, und gaben ihm nichts mehr.
Also ging er als Stallbursche in die Ställe der Familie Tiän.
Findest du nicht, daß es eine Schande ist, die Ställe zu reinigen?
Es gibt auf der Welt nichts Schändlicheres als zu betteln. Wenn sogar das Betteln mich nicht schändete, wie kann es dann eine Schande sein, die Ställe zu reinigen?
Nur der Geist bestimmt, ob Schande oder nicht.

Leerer Wohlstand

Böse Absichten

Böse Gedanken

Gedanken der Rebellion

Scheu-klappen

Über Tsai Tschih Tschung

Tsai Tschih Tschung wurde 1948 in der Region Tschang Hwa auf Taiwan geboren. Er begann im Alter von siebzehn Jahren, Cartoonstreifen zu zeichnen, und arbeitete 1971 als künstlerischer Direktor für den Kuang Tschi Programme Service. 1976 gründete er die Far East Animation Production Company und die Dragon Cartoon Production Company.

Seine komischen Witzfiguren wie der Betrunkene Schwertkämpfer, der Fette Drache, der Einäugige Marschall und der Kühne Superspürhund erschienen als Serien in Zeitungen in Singapur, Malaysien, Taiwan, Hong Kong, Japan, Europa und den Vereinigten Staaten. 1985 wurde er unter die zehn herausragenden jungen Menschen von Taiwan gewählt und in den Medien und akademischen Kreisen in Taiwan gepriesen.

Man kann Tsai Tschih Tschung als Pionier in der Kunst bezeichnen, chinesische Literatur und Philosophie in Form von Comics darzustellen. Er brachte inzwischen mehr als zwanzig Titel heraus, zehn davon über chinesische Denker, die anderen beruhen auf historischen und literarischen Klassikern.

Das Schweigen des Weisen. Lehrsprüche des Laotse

Ausgewählt, bearbeitet und illustriert von Tsai Tschih Tschung

Laotse, der Begründer des Taoismus, warb in seinem *Taoteking* für einen spirituellen Weg der Sanftheit, Selbstlosigkeit, Nachgiebigkeit und Natürlichkeit, da die bloße Befriedigung materieller Wünsche den Menschen letztlich keine Befriedigung bringe.
Tsai Tschih Tschung, derzeit populärster chinesischer Cartoonist, stellt die Lehre des Laotse in leicht verständlicher Form vor. Mit unterhaltsamen Zeichnungen und Dialogen veranschaulicht er ausgewählte Lehrsprüche dieses chinesischen „Klassikers“ und bietet den Lesern einen einfachen Weg, die Gedanken des großen Weisen zu verstehen.

102 Seiten, durchgehend illustriert,
Paperback (15 × 20,5 cm)
22,80 DM/22,80 sFr./178,– öS, ISBN 3-924077-58-4

Die Musik der Natur. Lehrsprüche des Dschuang Dsi

Ausgewählt, bearbeitet und illustriert von Tsai Tschih Tschung

Dschuang Dsi gilt neben Laotse als der bedeutendste Vertreter des Taoismus. Manche seiner nonkonformistischen und oft humorvollen Ansichten mögen heute veraltet erscheinen, doch enthalten sie Bilder von solcher Schönheit und Aussagekraft, daß sie auch modernen Lesern Vergnügen und „Erleuchtung“ bringen.
Tsai Tschih Tschung, Cartoonist aus Taiwan, erreicht gegenwärtig weltweit Millionenauflagen mit seinen Illustrationen zu Klassikern der chinesischen Philosophie und Literatur. In unterhaltsamen Bildergeschichten und einfachen Dialogen läßt er hier die Lehrsprüche des Dschuang Dsi lebendig werden.

134 Seiten, durchgehend illustriert,
Paperback (15 × 20,5 cm)
22,80 DM/22,80 sFr./178,– öS, ISBN 3-924077-60-6

Andrew Matthews:

So geht’s dir gut

Dieses Buch handelt davon, ...

- warum Sie immer nur Ihre *besten* Kleider mit *Spaghetti bolognaise* bekleckern;
- warum alle Rechnungen auf einmal kommen;
- warum Sie Ihre alte Schrottkiste jahrelang ohne Schramme fahren können und dann Ihren neuen Wagen nach zwei Tagen demolieren;
- warum manche Leute immer zur rechten Zeit am richtigen Ort zu sein scheinen – und wie Sie dazugehören können.

Es handelt auch davon, wie Sie (mit Hilfe der Techniken und Strategien des NLP) sich selbst verstehen, über sich selbst lachen, sich selbst vergeben und erfolgreicher, wohlhabender und glücklicher werden können.

3. Aufl., 137 Seiten (18 × 24,5 cm), 70 Illustrationen des Autors, Paperback, 26,– DM/26,– sFr./203,– öS, ISBN 3-924077-32-0

Milton Ward:

Nutze den Schmerz

Der Schmerz, diese von den meisten Menschen gefürchtete Erfahrung, ist in Wirklichkeit ein großes Geschenk: Er führt uns zu körperlichem, geistigem, seelischem und spirituellem Wohlergehen. Schmerz ist nicht nur ein Warnsystem, er ist auch ein zuverlässiger Wegweiser, der uns sagt, wie wir unsere Probleme lösen können.

Angst vor Schmerz, Bekämpfen, Ignorieren oder Überspielen des Schmerzes – solche Reaktionen hindern uns an der einzig angemessenen Antwort: den Schmerz bewußt wahrzunehmen, seine Bedeutung zu erfassen und auf die dabei empfundenen Gefühle einzugehen. In diesem Sinne überwindet der Schmerz sich selbst.

167 Seiten, Paperback, 24,80 DM/24,80 sFr./194,– öS, ISBN 3-924077-23-1

Dr. Roger J. Callahan:

Der unwiderstehliche Drang. Süchte – und was Sie dagegen tun können

„Warum esse ich den ganzen Tag, obwohl ich keinen Hunger habe?“ – Immer mehr Menschen leiden heute unter Suchterscheinungen, angefangen vom Drang nach Schokolade, Alkohol, Koffein und Nikotin über zwanghaftes Verhalten (wie Glücksspiel oder Dauerfernsehen) bis hin zur Abhängigkeit von Drogen wie Valium, Kokain, Heroin. Roger Callahan zeigt, wie man seine bereits aus *Leben ohne Phobie* bekannte Methode auf Süchte anwenden und akuten Suchtdrang damit überwinden kann. Er schildert, wie man die Behandlung mit der Technik des Visualisierens unterstützt, und beschreibt eine Entspannungsübung, mit der sich Streß abbauen und ein Rückfall ins Suchtverhalten vermeiden läßt.

115 Seiten, 5 Illustrationen, Paperback, 22,80 DM/22,80 sFr./178,– öS, ISBN 3-924077-29-0

Das INSTITUT FÜR ANGEWANDTE KINESIOLOGIE FREIBURG veranstaltet laufend Kurse in *Touch For Health (Gesund durch Berühren)*, in *Edu-Kinestetik*, in *Entwicklungskinesiologie* und in allen anderen Bereichen der Angewandten Kinesiologie. Dank enger persönlicher Kontakte zu den Pionieren der AK ist das Institut in der Lage, ständig die neuesten Entwicklungen auf diesem Gebiet zu präsentieren.

Außerdem fördert das Institut die Verbreitung der Angewandten Kinesiologie im deutschsprachigen Raum durch Literaturempfehlungen und Adressenvermittlung. Wer an der Arbeit des Instituts interessiert ist, kann kostenlose Unterlagen anfordern bei:

INSTITUT FÜR ANGEWANDTE KINESIOLOGIE FREIBURG
Zasiusstraße 67
D-79102 Freiburg
Telefon 07 61-7 27 29, Telefax 07 61-70 63 84